Le match de foot
qui dura tout un été

© Rue du monde, 2002
ISBN : 2-912084-64-4
Maquette : BHT + K.O.
Direction éditoriale : Alain Serres

Le match de foot qui dura tout un été

BERNARD CHAMBAZ

Images de Zaü

RUE DU MONDE

1

BAGNOLET
(Banlieue parisienne)

À la fin de l'été, je vais avoir dix ans. J'attends ça depuis bientôt trois années, depuis l'âge de raison. Évidemment, à l'époque, j'ai été déçu. Raison ou pas raison, les parents ne font pas vraiment la différence. Avant, ils vous disent « Tu vas voir, tu seras grand ! » Après, ils vous chantent « Mais quand est-ce que tu seras grand ! » Il faudrait savoir. Les bêtises, on ne peut pas s'arrêter d'en faire du jour au lendemain. D'ailleurs, mon père n'est pas le dernier : ni pour les bêtises (l'autre jour, il a fermé la voiture en laissant les clefs à l'intérieur), ni pour se conduire comme un enfant (c'est ce que lui a dit ma mère quand il a refusé le poste d'adjoint au département des Cartes anciennes parce que le directeur porte une barbe en pointe).

Cela dit, pour mes sept ans, j'avais eu mon cadeau préféré. Un ballon. Pas n'importe quel ballon qui m'aurait déjà rendu heureux, mais un ballon comme un globe terrestre avec les continents et les océans dessinés dessus. Je me suis endormi contre lui plusieurs nuits. Le sommeil m'attrapait par surprise vers le Mozambique ou le Venezuela. Le lendemain matin, je le retrouvais par terre où il avait roulé. Je jouais avec lui tout le temps. Le seul problème, c'est que je n'osais pas taper trop fort. À la maison, il valait mieux à cause des objets fragiles. Dehors, on avait l'air un peu bizarre tous les deux. « Dis donc, Fausto, ton ballon tu d'vrais lui mettre une laisse comme à un chien ! » Mes copains se moquaient de moi. Moi, je m'en moquais. J'avais le plus beau ballon du monde et quand on jouait au foot — avec le ballon des copains — je n'étais pas le plus mauvais.

Même que quand on tire les équipes, les capitaines me choisissent en premier. « Fausto ! » ou alors « Fausto-le-costaud ! » C'est comme ça qu'on m'appelle. Et ça me plaît depuis que mes parents m'ont expliqué que *costaud* ça ne veut pas dire gros, pas du tout, juste costaud, fort quoi. La preuve, on préfère jouer dans mon équipe que contre elle.

Chez nous, à Bagnolet, on a un petit terrain à côté de l'école. On pose les cartables pour faire les buts et, à part deux arbres, il n'y a pas trop d'obstacles à dribbler. Les matchs sont toujours très disputés. Ensuite, je rentre à la maison, sale, mais

ravi. Et je m'achète un pain au chocolat à la boulangerie du coin. On n'habite pas loin de l'église où on est allés écouter ma sœur Lilou chanter avec les chœurs du conservatoire sous la conduite d'un chef qu'ils adorent et qui ressemble à un bûcheron.

Ce qui me plaît à l'idée d'avoir dix ans, c'est que j'aurais enfin un âge à deux chiffres. 10 c'est supérieur à 9. Pas besoin d'être bon en calcul pour le savoir. Et c'est mieux, je ne sais pas pourquoi, mais c'est mieux. Et comme dit mon père, on n'est pas près de passer à un âge à trois chiffres. Même les grands-parents en sont encore loin. Et comme dit mon grand-père qui a beaucoup voyagé et qui est le roi des péteurs : primo, on n'est pas sûr d'y arriver, aux trois chiffres ; deuzio, c'est pas forcément nécessaire.

Le bon côté du mois de juin c'est les

vacances à la fin du mois. En plus, les jours sont plus longs et on peut jouer au foot plus tard. « Toi et ton foot ! » Voilà ce que me répètent ma mère et ma sœur. Elles sont chouettes mais elles ne comprennent pas tous les mystères du ballon. Cela dit, cet été je ne leur casserai pas les pieds. Ma mère doit partir pour son travail à Tombouctou (au Mali) et Lilou l'accompagne.

Ma mère, elle est anthropologue. C'est un mot qui vient du grec, et ça veut dire — en gros — qu'elle étudie les hommes. C'est vague mais je n'entre pas dans les détails, surtout parce que je n'ai pas tout saisi. À part qu'elle peut aussi étudier le football. Ce qui prouve que ce n'est pas un mauvais métier.

Du coup, mon père s'est débrouillé pour obtenir une mission au département des Cartes légendaires. Il m'a laissé le choix : ou aller en colonie avec mes copains ou venir avec lui tout autour du monde. Un éditeur lui a signé un contrat pour écrire un livre cet été et l'argent du contrat paiera mon voyage.

Franchement, je suis très excité. Une occasion pareille ne se refuse pas. Les copains, je les retrouverai à la rentrée. À même pas dix ans, je pars pour ma première tournée internationale.

2

BARI
(Italie du sud)

Gare de Lyon, on prend le train pour Rome. On a chacun notre sac à dos, mon père le gros, moi le petit. J'ai emporté mon ballon en cuir, dans un sac en toile accroché à un anneau du sac à dos.
Le soir descend lentement sur le paysage qui devient doré. Alors on joue aux cartes. Mon père est très fort, pour toutes les espèces de cartes, logique, c'est son domaine, n'empêche que je gagne plusieurs parties. Après, qu'est-ce qu'on peut faire ?
Mon père a toujours une solution : il lit. Moi, j'ai emporté un livre que j'ai choisi

pour les images que j'adore (surtout le singe dans le hamac). Dans la *Lettre des îles Baladar*, il y a des îles qui changent de nom selon le temps qu'il fait et qui ne tiennent pas en place. À la fin, je m'endors. Comme quoi il y a toujours quelque chose d'utile dans la lecture.

La gare de Rome s'appelle Termini mais le trajet n'est pas terminé pour autant. On doit prendre la correspondance pour Bari. En attendant, on laisse notre barda à la consigne et on va faire un tour dans la ville. Mon père dit qu'on va battre un record : la Ville éternelle (c'est le surnom de Rome) en deux heures.
Il y a un musée en face, rien que des vieilles pierres mais sympa, surtout au pas de course. Ensuite, on se promène dans un marché, de l'autre côté de la gare, où les marchands vendent des chaussures de foot à crampons, et aussi des vêtements,

des fleurs, des bassines en plastique, des légumes de toutes les couleurs, sauf des bleus. C'est marrant, je n'ai jamais vu de légume bleu. Peut-être en existe-t-il dans les contrées pour anthropologues ? À une petite baraque, mon père nous paye deux granités : c'est de la glace pilée dans un gobelet en plastique. Moi j'ai choisi au citron, mon père au café.

Bari me plaît beaucoup. L'hôtel est situé dans le labyrinthe de la vieille ville, au pied d'escaliers que je descends en courant. Il a des murs orange sombre. Mon père nomme cette couleur *ocre*. Notre chambre est vaste, le plafond haut et un petit balcon donne sur un jardin intérieur avec des citronniers dans des jarres. Accroché au plafond, un ventilateur à pales brasse un vent tiède. Il y a aussi une télévision où je regarde les Simpson en italien mais c'est toujours les Simpson

sauf qu'Homère s'appelle Omero.
En face de l'hôtel, je dispute mon premier match à l'étranger et je m'applique. Les garçons m'ont vite adopté parce que je m'appelle Fausto. Eux ils prononcent « Faosto » quand ils veulent que je leur fasse une passe et « bravo » quand j'ai marqué un but et « ciao » quand on se sépare. Finalement, les langues étrangères ce n'est pas si difficile. Lilou se fait trop de souci quand elle prépare ses contrôles d'anglais. En tout cas, c'était mon premier but à l'étranger. Un jour, j'en parlerai dans les interviews.

Mon père est content lui aussi. Il a trouvé une carte qui retrace l'itinéraire des 47 marins qui ont dérobé et ramené d'Asie Mineure les reliques de saint Nicolas. Je savais que Nicolas était le saint des enfants mais je croyais que les reliques étaient des habits alors que ce sont ses

ossements. Maintenant, mon père veut voir la ville de Barletta. 62 kilomètres au nord-ouest, une heure de bagnole, tout ça pour consulter à la bibliothèque municipale un vieux livre avec une carte du terrain où s'est déroulé le Défi.
– C'est quoi le Défi ?
– C'est l'ancêtre du football !
– Vraiment ?
– Enfin, si on veut.
– Avec des buts et tout ?
– Non ! il n'y avait même pas de ballon !
– Alors ce n'est pas pareil !
Mon père n'est pas du genre à s'encombrer avec des détails. En fait, ça se passe, on n'est même pas certain, ou en 1501 ou en 1503, on ne va pas chipoter pour deux ans. Onze hommes dans chaque équipe, à cheval, et les vainqueurs sont ceux qui ne tombent pas de cheval. La rencontre s'est terminée sur un match nul, parce que les soldats espagnols n'avaient pas

réussi à vaincre le chevalier Bayard.

On a réservé nos billets de ferry-boat pour le lendemain. Une fois à terre, on traversera deux nouveaux pays avant d'arriver à notre nouvelle étape. Mon père n'a pas trouvé la carte qu'il espérait. Ça commence mal. Juste une description bâclée en moins d'un paragraphe du terrain où le Défi avait eu lieu. Pas de quoi jubiler. Sinon qu'il avait — à peu près — les dimensions d'un terrain de foot. Avec des arbres sur les côtés (a précisé mon père). Comme chez nous à Bagnolet (j'ai répondu).

3

BABADAG
(Roumanie orientale)

Après une semaine de route où on a croisé des carrioles tirées par des chevaux et dormi chez l'habitant, on arrive dans la ville de Babadag. À cause du nom, j'avais imaginé une ville un peu magique. Mais les rues sont banales, les maisons plutôt moches. Je suis déçu. Mon père dit que c'est la fatigue et que ce sera mieux demain. Je lui demande quand on aura des nouvelles de ma mère et de Lilou. Il me répond qu'il a prévu de leur téléphoner dimanche. Au dîner, il me paye deux desserts au lieu d'un. À lui aussi.

L'hôtel n'a que trois chambres mais comme dit mon père ça suffit largement pour nous deux. La chambre, elle, n'est pas très large, au bout du couloir, juste deux lits, une table, une chaise et une corbeille à papier où je range mon ballon. Le soir, la lumière semble encore plus douce que d'habitude. Il paraît que c'est grâce à l'étendue des eaux du delta du Danube. On reste assis sur la terrasse à regarder des nuages roses et des oiseaux. Enfin, lui, il regarde. Moi, au bout de cinq minutes, je regarde ailleurs. Mais ailleurs on en fait vite le tour.

Ce soir, j'ai du mal à m'endormir. Il y a longtemps que le coup des moutons ne marche plus. Même quand j'avais transformé les moutons en ballons, ça ne servait à rien de compter un ballon, deux ballons, trois ballons, etc. Mon père me dit que je n'ai qu'à essayer de trouver des mots qui commencent par *bab* comme *Babadag*. Si j'en trouve plus de trois, j'aurai droit à un cadeau demain.

Je reste coincé à trois : *baba* (à cause du baba au rhum), *bâbord* (à cause du ferry-boat) et *babouche* (à cause de rien mais j'y ai pensé). J'ai espéré que mon père accepterait *Ali Baba* mais — comme de juste — il a refusé. De toute façon, quel cadeau il aurait pu me faire ?

Ce matin, j'ai une idée géniale. Pendant que mon père va chercher sa carte légendaire, je prends la corbeille à papier pour m'entraîner. C'est simple : je la pose devant la porte, je me mets au bout du couloir et je vise. Deux points si le ballon entre dedans, un point si il touche le bord de la corbeille sans entrer, moins un point si je rate la cible. Je me donne dix essais ; mon record c'est cinq points. Mais j'ai parfois des résultats négatifs.

Toute une journée, on se balade dans les

bras du fleuve avant qu'il ne se jette dans la mer Noire (qui n'est pas noire mais qui n'est pas bleue non plus). On a loué une barque à moteur, une barcasse avec un bruit de casserole et l'odeur du mazout. On remonte un chenal entre des roseaux et des tilleuls, jusqu'à un endroit où volent des escadrilles d'oiseaux migrateurs qui viennent du Caucase, d'Inde, d'Afrique et même du Grand Nord et qui font halte ici, un peu comme nous.
On est aussi des migrateurs. Mon père dit que c'est le propre de l'homme. Mais il emploie souvent cette expression. D'après lui, le propre de l'homme c'est aussi de penser et de manger des glaces. Il n'a pas tout à fait tort, puisqu'on n'a jamais vu un cheval ou une girafe déguster un sorbet.

Pour une fois, je félicite mon père de m'avoir conseillé de laisser le ballon à l'hôtel, dans la corbeille. Au cours de l'après-midi, on n'a pas mis le pied sur un seul morceau de terre où le ballon aurait pu rebondir. Le soir, on invite au café (moi je ne bois pas de café, je trempe seulement un sucre) le vieux monsieur qui a montré à mon père les cartes du delta dessinées par les pirates de la mer Noire et les Cosaques zaporogues.

Le vieux monsieur est un Hongrois qui vit en Roumanie, c'est rare, mais il est venu par amour. Mon père dit que ça explique tout. Je veux bien le croire. Le plus intéressant c'est qu'il a connu un footballeur très célèbre et qu'il a même joué avec lui. Kocsis ! Je ne le connais pas, ni son surnom Tête d'or. Pas davantage le Tsigane funambule ni le Major galopant. Le vieux monsieur a l'air triste qu'on ait oublié les héros d'autrefois. Aujourd'hui, il marche avec une canne et il a les jambes arquées.

N'empêche. Je lui parle de la corbeille dans le couloir. Il me propose un petit match et il explose mon record. Je n'en reviens pas. Avant de rentrer chez lui, il me demande si je sais reconnaître un cygne. Oui ! Et le cygne muet du cygne chanteur ? Je me creuse la tête pour deviner s'il y a un truc qui les distingue, sur les plumes ou les pattes ou le cou. Non ! Il y a pourtant un truc. Le chanteur, il chante, le muet, il ne chante pas.

Le matin du départ, je suis presque triste. Je regrette le vieux monsieur qui connaissait Tête d'or et les Cosaques zaporogues. Il paraît que c'est le métier qui entre.

4

BAKOU
(Bord occidental de la mer Caspienne)

Mon père a des défauts — comme la plupart des pères à ce que j'ai observé — mais il est franc. Je suis fier de toi (dit-il). Moi je suis content. Même si je ne comprends pas très bien pourquoi. En tout cas, il me caresse la tête. C'est un signe.

Il tient à me montrer notre itinéraire sur son atlas de poche. Je m'en passerais mais je ne vais pas le contrarier. On traversera plusieurs pays coloriés en jaune, en vert et en violet jusqu'à Bakou. Là-bas, on logera chez un ancien collègue du département des Cartes.

Une bonne surprise m'y attend. Les amis ont un garçon de mon âge. Arthur a eu dix ans au début de l'année mais on sait bien que c'est quasiment pareil. Et puis (comme dit mon père et je suis assez d'accord avec lui) même si on voyage ensemble et qu'on s'entend bien, on n'est pas tout à fait des copains.

Arthur m'emmène visiter Bakou. On voit des pêcheurs à la ligne assoupis sous leur casquette, un musicien debout avec sa balalaïka sur le ventre, des marchands de tapis accroupis devant leur boutique, des joueurs d'échecs au café Mozart assis devant leur roi et leurs fous, un bébé en barboteuse sur un siège à bascule, une citadelle assiégée de poussière, des femmes en robes colorées, et au loin les tours métalliques des derricks de pétrole. De temps en temps, Arthur me lit un nom que je ne suis pas capable de déchiffrer. Le *a* ça va, mais déjà le *b* est bizarre et — en plus — il paraît qu'ils ont le même mot ou presque pour *grand-mère* et *papillon*. J'ai l'esprit large mais ceux qui inventent les mots devraient quand même faire attention.

Dans son quartier, il y a un parc où des garçons et des filles de notre âge jouent au ballon. On s'incruste pour un match, un petit match, à cinq contre quatre, mais je suis drôlement content de retrouver mes sensations. Un contre-pied, un râteau, une reprise de volée, ce n'est même pas grave qu'elle soit arrêtée par le gardien (la gardienne), une longue passe qui arrive dans les pieds d'un partenaire, c'est mieux que la corbeille.

Les autres m'ont tout de suite accepté et on se parle avec les mains et avec des rires. *Da svidania.* Je devine tout seul que ça veut dire au revoir.

Dommage que la partie n'ait pas été télévisée. Mes copains de Bagnolet auraient

pu voir ma passe digne des plus grands meneurs de jeu.

En rentrant, Arthur dit que je suis balèze, oui, costaud, avec des cuisses de champion (dit mon père). Arthur prononce des mots étranges comme *bachi-bouzouk*. Tout le monde rit parce que je crois qu'il s'agit d'un mot russe, ou azéri puisque Bakou est la capitale de l'Azerbaïdjan. Eh bien non, je n'ai jamais lu *Tintin* et je ne connais pas le capitaine Haddock dont *bachi-bouzouk* est l'injure favorite et tout le monde rit encore quand je demande de quelle équipe le dénommé Haddock est capitaine.

Je n'aime pas trop passer pour un idiot. Je décide de me taire. Mais j'ai remarqué que je le décide toujours trop tard.

La première nuit, j'ai le cœur un peu lourd. La mère d'Arthur vient m'embrasser pour me souhaiter bonne nuit. Il y a des

jours où on se dit qu'une mère pourrait choisir un autre métier qu'anthropologue. Dans une pièce, il y a un baby-foot. Moi je n'aime pas trop. À cause des barres qui empêchent les baby-footeurs de se déplacer. La seule partie amusante est celle où Arthur et moi on bat nos pères par 10 buts à 8.

À part cette partie, je n'ai pas vu mon père pendant trois jours où je suppose qui a travaillé comme un forcené.
Un soir, il a raconté une découverte extraordinaire : une carte où les côtes de la mer ont une forme de fougère, mais je n'ai pas compris ce qui lui semble si extraordinaire. En tout cas, pour une fois, je n'étais pas son seul public et je n'ai pas eu besoin de poser une question pour lui faire plaisir. Ce matin, je suis vraiment content de le retrouver.
Avant de partir, les parents d'Arthur

m'ont proposé de choisir un livre dans sa bibliothèque, en échange de mes *Lettres des îles Baladar*. Mon sac ne pèsera pas plus lourd et puis c'est chouette que les livres voyagent et qu'ils changent de main. De l'avis général, *Le tour du monde en 80 jours* aurait fait l'affaire. À défaut, j'ai choisi au hasard, amstramgram, bienvenue à *Barnabé roi de Babel*.

5

BAGDAD
(Irak)

– Alors comment tu trouves le désert ?
– Désertique !
J'aime bien les réponses courtes. Surtout les réponses où on ne prend pas trop le risque de se tromper. Cela dit, je n'ose pas avouer que je suis surpris. Car un désert, franchement, même si on n'est pas aussi bon que son père en géographie, on s'attend à voir du vide et du sable et des chameaux. Je résume, mais en gros c'est ça. Eh bien là, si je vois bien des chameaux, je vois aussi des pierres et même parfois des arbres et souvent des maisons.

Il doit y avoir un truc. En tout cas, il fait chaud, plus de 40 °C dans l'autocar. On n'a pas emmené de thermomètre mais le chauffeur prétend qu'il a déjà fait cuire un œuf sur le capot.

Dans le désert, on a du temps devant soi. Le temps de regarder par la fenêtre, le temps de faire tenir le ballon en équilibre pied droit pied gauche, le temps de s'ennuyer, le temps de bavarder.

– Au fait papa, il avance ton livre ?

– Quel livre ?

– Celui que tu dois écrire pour l'éditeur !

– Pas très vite !

– C'est pas grave pour nous au moins ?

– Ne t'inquiète pas ! je ne vais pas te renvoyer à la maison !

– Encore heureux !

– Mais je dois quand même lui donner un manuscrit au retour…

Mon père se tait et ne se met pas pour autant à écrire. C'est peut-être à cause des cahots. En tout cas, j'espère que cette histoire ne va pas nous ruiner. Surtout avec le loyer de la maison. Ex-or-bi-tant, comme dit ma mère tous les mois. Moi, je ne veux pas quitter mes copains de Bagnolet.

L'autocar entre dans Bagdad par une grande porte et nous laisse dans une gare routière pleine de monde et de poussière. Mon père m'annonce une surprise. Il refuse d'en dire davantage. Je me méfie. J'ai tort. Le taxi nous dépose devant un splendide hôtel. Je lis son nom : Tigris Palace. Mon imagination fait le reste. Le palace des tigres ! De quoi rêver. À part qu'au lieu des tigres de la forêt, c'est le Tigre, un des deux grands fleuves du pays.
Dans l'ascenseur, mon père m'annonce que c'est l'hôtel d'Agatha Christie, une vieille Anglaise qui a écrit des tonnes de romans

policiers. On ne devrait pas s'ennuyer.
Quand un monsieur à moustache ouvre la porte de la chambre, j'en reste les bras ballants. La chambre est grande comme une moitié de terrain de foot et au milieu il y a un lit immense avec des colonnes qui montent au plafond. Je pose mon baluchon au pied du lit à baldaquin et je saute dessus sans que mon père me demande d'arrêter. Ou il est vraiment fatigué ou il a fini par comprendre que l'entraînement, c'est important. Je saute de plus en plus haut. Il bâille. Je lui rappelle qu'on doit encore aller dîner.
Il m'a expliqué tout à l'heure que l'Irak subit un embargo, c'est-à-dire qu'il ne reçoit pas de l'étranger tous les aliments de première nécessité et qu'il y a beaucoup d'enfants qui en meurent chaque jour. C'est très triste mais j'ai quand même un peu faim.
On trouve un boui-boui en plein air où

on mange un bol de riz et une banane. Mon père sait que l'alimentation des champions, c'est aussi important. Il commande du thé et un baklava au miel pour chacun. Je me balance sur ma chaise. Ensuite, on rentre, sans se presser. Dans la rue, au moins un homme sur deux ressemble au moustachu du Tigris Palace. On prend une douche et je ne sais même pas comment je me suis endormi.

Le lendemain, mon père m'apprend que *Bagdad* signifie la Ville de la paix ! Drôle de nom pour la capitale d'un pays qui est plus ou moins en guerre depuis vingt ans. Il paraît que ce sont les mystères de l'histoire. Je veux bien, mais alors l'histoire est drôlement mystérieuse.
Ce matin, mon père décide d'aller se faire raser la barbe. Je reste assis sur un siège à côté et je les regarde tous les deux, le barbier et lui, qui bavardent comme deux

vieux amis dans un baragouin pas croyable. Peut-être le barbier lui donne-t-il des précisions sur des cartes secrètes ?

Ensuite, on va faire un tour au bazar où les odeurs d'épices me tournent la tête. Au marché aux oiseaux, je veux acheter un poisson rouge. Mon père m'explique qu'il y a plus pratique. Je lui montre, dans la boutique à côté, des dindes et des aigles. Il sourit et m'offre — royalement — une limonade. Vu la chaleur, je ne refuse pas.

Un soir, on se rend au monument aux Martyrs. Il y a deux grandes coupoles et une terrasse en céramiques toutes bleues. Mon père m'interdit de sortir mon ballon de son sac. En retournant vers l'hôtel, je vois un groupe de garçons qui jouent au foot avec une balle de chiffon sur un terrain vague. Mon père me propose de m'attendre une demi-heure à l'ombre d'un figuier qui dépasse d'un mur en terre.

Ils n'ont jamais joué avec un ballon en cuir et ils sont surpris par les rebonds. Ils apprennent vite et mon équipe perd 3 à 2. À la fin, je prends tout seul la plus grande décision de ma vie : je leur laisse le ballon. Quand je rejoins mon père, il ne me dit rien mais il me tient par l'épaule et on rentre au Tigris Palace sans un mot.

Dans ce pays, je n'ai rien su de la carte légendaire. Sinon qu'on a dormi une nuit à la belle étoile à une cinquantaine de kilomètres de Bagdad et que jamais je n'avais vu autant d'étoiles dans le ciel ni imaginé qu'il puisse y en avoir autant. On aurait dit un bol de diamants renversé.

6

BATAVIA
(Indonésie)

Pour un été de fous, c'est un été de fous. Je n'avais jamais pris l'avion et me voilà au-dessus de l'océan Indien. On devine d'énormes cargos pas plus gros qu'une vague et on traverse des nuages à tête de dragon. L'hôtesse de l'air nous donne des fiches de débarquement à remplir. Je note sur la mienne :

Nom : secret
Prénom : Fausto
Surnom : le costaud
Âge : 10 ans (on a bien le droit d'arrondir)

Profession : footballeur

Motif du séjour : tournée mondiale du maître des cartes légendaires et du prince des passes de légende

Biens à déclarer à la douane : un maillot de l'ASB, rayé jaune et bleu.

Avant d'atterrir, l'avion survole un bord de mer d'un gris étincelant. À la sortie de l'aéroport hyper-moderne, on est saisis par une chaleur moite qui fait transpirer. Un autobus brinquebalant nous transporte dans Djakarta. Sans mon ballon, je me sens orphelin. Mais je garde mon impression pour moi. Je ne voudrais pas faire de peine à mon père.

On échoue dans un hôtel minable, à côté du quartier chinois. Je regrette déjà le Tigris Palace mais je me console assez vite. Chaque endroit a son charme. Et puis mon père avance un argument : l'hôtel est propre. J'approuve. Il en avance un deuxième : il n'est jamais souhaitable de s'habituer au luxe. Je ne peux me retenir de dire : « Surtout quand on risque de se retrouver sur la paille à la fin de l'été ! » En fin de soirée, on téléphone à ma mère. J'entends sa voix. L'important ce ne sont pas les mots, c'est sa voix. Lilou ne s'ennuie pas. Elle dit même que le séjour est extra. Moi je lui réponds que c'est le voyage qui est extra. Avec le décalage horaire, il est quatre heures de l'après-midi à Tombouctou et elles ne vont pas tarder à sortir.

Le premier jour, on se repose, bien que ce soit difficile dans une ville aussi grande et bruyante. À une époque, Djakarta se nommait Batavia. Dommage qu'elle ait renoncé à son nom de salade. L'après-midi, mon père accepte qu'on aille au marché aux oiseaux à condition que je ne réclame pas un poisson rouge. Il propose de m'acheter un ballon pour remplacer

celui que j'ai donné à Bagdad. Je suis drôlement content. Il y a des dizaines de ballons, des en cuir, des en plastique, de taille variable, de toutes les couleurs, à tous les prix. Je prends le moins cher à trois roupies.

Mon père est content du cadeau qu'il vient de me faire. Du coup, il devient sentimental. Il me raconte un souvenir « Tu sais, quand tes grands-parents m'avaient offert pour un Noël une boussole, je l'ai perdue presque aussitôt et ne m'en suis jamais consolé ».

Le lendemain, je n'échappe pas au musée Bahari. Le lieu est étrange, un ancien entrepôt où les marchands hollandais stockaient café thé poivre épices. Il abrite une collection de cartes anciennes et aussi de maquettes de bateaux. On se partage le travail (mon père les cartes, moi les maquettes). Il y a des clippers et

des jonques comme dans les romans d'aventures.

La visite devient longue, d'autant que j'ai envie de faire une partie de football-corbeille avec mon ballon neuf à l'hôtel. J'ai un nouveau record à battre (huit points). Mon père discute avec la conservatrice du musée. Il revient avec un large sourire, m'indique qu'elle lui a donné un précieux conseil et qu'on partira demain ou après-demain sur une île volcanique.

La nuit, je rêve que le volcan se réveille. Je suis soulagé de me réveiller le matin. En fin d'après-midi, on met le pied sur l'île Krakatau. Je suis très impressionné par le paysage et davantage encore par l'histoire à peine croyable de la principale éruption. En 1883, on l'entend à 5 000 kilomètres de là ; les cendres provoquent une obscurité totale à 160 kilomètres à la ronde et des éclipses de soleil en Europe ;

des roches sont propulsées à 27 kilomètres d'altitude et des débris retombent à Madagascar, de l'autre côté de l'océan ; un raz-de-marée fait le tour du monde et une énorme vague balaie les côtes françaises 36 heures plus tard. En prime, l'île a disparu dans la mer avant qu'une autre ne finisse par réapparaître. Si quelqu'un connaît mieux, qu'il me le dise.

Sur la plage, des pêcheurs rapportent des poissons gros comme des barracudas. Un peu plus loin, je vois des grands garçons planter un filet de volley-ball dans le sable et commencer un match. Au lieu de jouer avec les mains, ils jouent avec les pieds. Ils sautent, smashent. Je reste bouche bée. Je les regarde longtemps. J'essaie discrètement. J'abandonne tout de suite. Il ne me reste plus que la terrasse de notre bungalow pour m'entraîner à jongler. Deux fois, je dépasse les 100 jongles, pied droit pied gauche genou tête, ça va, je n'ai pas tout oublié.

Le lendemain, très tôt, je descends sur la plage. Deux garçons se joignent aussitôt à moi. Puis trois, cinq, huit, on se lance dans la plus belle partie jamais jouée sur la planète. Au moins depuis la finale de la Coupe du monde. 88 passes au pied sans que jamais la balle touche terre.

7

BAN-SOK
(41°N-127°E)

Quelle idée encore mon père a eue de nous faire passer par la Corée du Nord ! Il considère que j'ai une chance inouïe d'entrer dans ce pays. Même si c'est très rare, je ne suis pas d'accord avec lui. Dans les avenues trop larges, les passants semblent perdus.
L'hôtel est énorme et froid. On se croirait dans un sanatorium. La chambre a beau être aussi grande que notre appartement, je n'ai pas envie de sortir mon ballon. Comme pour faire exprès, le ciel est gris. Je sais bien que c'est le hasard et qu'il y a

sûrement des jours de ciel bleu mais je ne peux m'empêcher d'y voir un signe. Même les nouilles qu'on mange à l'hôtel ne sont pas bonnes. Les spaghettis à la tomate, au basilic et au parmesan de ma mère me semblent à des années-lumière. Le soir, faute de mieux, je lis au moins trente pages de *Barnabé roi de Babel*. Je repense à Bakou et j'échangerais presque mon ballon pour une partie de baby-foot.

Le petit-déjeuner ne me remet pas de bonne humeur. Derrière la baie vitrée, je devine un ciel gris bleu mais aujourd'hui les nuages ne me font pas rêver. Je demande à mon père ce qu'il est venu chercher dans ce pays. Il m'agace avec son sourire énigmatique. À quoi joue-t-il ? Je commence à m'inquiéter. Où on va si les adultes ne tiennent pas leurs promesses et ne font pas leur travail comme un écolier ? Ici on ne peut pas se promener seul.

Un monsieur nous accompagne. Il est interprète. Il doit aussi être un peu policier. Cela dit, pour un policier, il parle drôlement bien le français. « Mieux que toi le coréen », plaisante mon père, qui essaie de me faire rire. Le monsieur dit qu'il s'appelle Kim et que c'est le nom d'un Coréen sur trois.

Pour aller à l'institut de géographie, on monte dans une limousine, avec un chauffeur (qui s'appelle aussi monsieur Kim, « Preuve que je dis la vérité », souligne Kim numéro 1).

L'institut ressemble à l'hôtel comme deux gouttes d'eau, avec un hall immense, du marbre partout et des colonnes comme dans notre livre d'histoire. Pendant que mon père va dans la salle des cartes en compagnie du directeur, un vieux bonhomme tout fripé, monsieur Kim reste avec moi. Au début, il ne sait pas trop quoi me raconter. Et puis, il a une bonne

idée. Il parle de football. On dirait une maladie. Tout le monde aime le football, mais c'est une maladie pas trop grave. Il a de l'admiration pour Zidane et il s'amuse que je l'appelle Zizou.

Il est fier que son pays ait marqué l'histoire de la Coupe du monde. Première nouvelle, je lui dis que je ne crois pas son baratin. Il me jure que c'est vrai, il répète qu'il dit toujours la vérité. C'était en 1966. Moi je n'étais pas né. Même mon père n'était pas né. Lui, il avait 10 ans, tout le monde a eu 10 ans un jour, et je calcule qu'il a 46 ans. Ça fait un exercice de mathématiques gratuit. La rentrée est encore loin mais on ne s'y prépare jamais assez.

Donc en 1966, l'équipe de Corée du Nord a battu l'Italie 1 à 0 et a failli arriver en demi-finale. Il connaît encore par cœur la composition de l'équipe et la récite d'une traite : Li Chang-myung Lim

Zoog-sun Shin Jung-kyoo Ha Jung-wong Ho Yoon-kyung Pak Do-Ik Im Sung-hui Pak Seung-jin Kim Bong-hwan Yang Sun-kook Li Chang-ban. Tous les enfants l'apprenaient à l'école. Je ne perds pas le nord et lui demande qui a marqué le but. « Pak Do-Ik ». Me voilà bien avancé. Et je lui fais aussi observer qu'il n'y a qu'un seul Kim dans l'équipe alors qu'il devrait y en avoir au moins trois (deuxième exercice de mathématiques). Après un instant d'hésitation, il sourit.

Un soir, pour me remonter le moral, je fais une partie de foot avec les moyens du bord. J'explique : j'utilise à chaque extrémité de la table les deux verres à dents qui servent de buts. Je prends dix pièces de monnaie qui sont les joueurs (des wons, des dinars, des euros, des manats), le bouchon du tube de dentifrice en guise de balle. Et c'est bien sûr le joueur le plus proche du bouchon qui a le droit de tirer. Ce soir-là, les pièces jaunes gagnent après prolongations.

Pour qu'on reparte avec une bonne impression, on nous emmène visiter les palais souterrains des deux présidents, le père, mort il y a quelques années et le fils. Kim Il-sung (le père) et Kim Jong-il (le fils). Quelle idée de faire le même métier que son père. Jamais je ne serai cartographe.

On dort dans un village réservé du nom de Ban-sok (le nom de la grand-mère du fils). Le lendemain, je découvre les centaines de salles où sont exposés les milliers de cadeaux que les présidents ont reçus. Mes préférés sont : une défense d'éléphant, un héron en plastique, un bazooka, une cafetière électrique, une canne à pêche, un baromètre en or, un wagon blindé. Mon père, lui, admire un globe terrestre lumineux qui vient de

la Sierra Leone. On ressort de là vaguement épatés.

Je suis content de continuer le voyage et de m'envoler vers la terre de Baffin. Évidemment, monsieur Kim nous escorte jusqu'à l'aéroport. Il raconte une dernière histoire du football d'autrefois. Une tout aussi vraie et encore plus ancienne. Il avait deux ans, l'avion des joueurs de Manchester s'était écrasé au décollage et, les années qui suivirent, le club répartissait les joueurs dans deux avions.
Je me dis qu'on ne va pas mettre mon père et moi dans deux avions différents. Quant à mon père, je vois qu'il fait la grimace. Par chance, monsieur Kim précise qu'il y a eu des survivants.

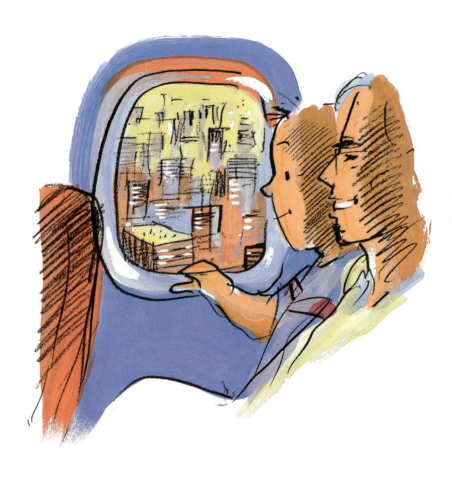

8

BAFFIN
(Canada, près du cercle polaire)

Depuis le départ, on vole au-dessus d'un manteau de nuages. Je ne sais plus quel jour ni quel mois on est, dimanche ou lundi, juillet ou août. L'avion fait une escale à Tokyo et survole des gratte-ciel. Sur un toit, j'aperçois un terrain de football où de petits bonshommes disputent un match. Je n'avais jamais vu une chose pareille. Cela dit, il y a beaucoup de choses que je n'avais jamais vues avant ce périple.
— Au fait, papa, c'est grave l'histoire de la douane ?

– Quand les douaniers m'ont confisqué les croquis des cartes et mes carnets ?
– Oui !
– Pas trop grave !
– Comment tu vas faire ?
– Je ne sais pas très bien !
– Mais pourquoi ils les ont confisqués ? T'es pas un espion quand même !
– Qui sait !

Maintenant, mon père m'appelle Kim Jong-il. Il a toujours eu un certain goût pour les plaisanteries débiles. Pour me venger, je le traite de bagnard à cause de son pantalon à rayures. Mais lui ça le fait rire.

Par le hublot, je ne me lasse pas de regarder un paysage marron qui scintille puis devient blanc. En fait, on arrive vers le pôle Nord. Vu d'avion, le pôle n'est pas très impressionnant. Et puis ce n'est pas un point. On a beau savoir que la Terre est ronde, on est surpris (en tout cas, moi). On atterrit dans une ville au bord d'un lac et on dort une nuit à côté de l'aéroport.

Le lendemain matin, tôt, mais il fait déjà grand jour, j'ai du mal à me réveiller. Mon père me dit qu'il faut se dépêcher. Sinon, on va rater le taxi. Je préfère ce genre de plaisanterie. Ici, le taxi-toundra est un avion. Il nous conduit sur la terre de Baffin, dans une petite ville. Iqaluit. Les maisons sont des cubes de couleur qui me rappellent mon jeu de Badaboum quand j'étais petit.
On loge chez l'habitant, dans un cube jaune citron. Je trouve que le propriétaire ressemble à monsieur Kim. Mon père me félicite pour ma remarque. Ça fait toujours plaisir. Il m'explique que les Inuits sont venus à pied d'Asie par le détroit de Behring, il y a 10 000 ans. C'était un territoire de plus de 1 000

kilomètres de large qui a disparu avec la fonte des glaciers.

C'est fou tout ce qui disparaît : l'Atlantide, l'île du volcan Krakatau, le pays de Behring. Est-ce qu'il réapparaîtra un jour ? D'après mon père, avec le réchauffement de la planète, c'est plutôt mal parti et les savants prévoient que d'autres terres seront englouties par les mers.

On ne va pas se laisser abattre pour autant. On sort se promener et on se paye (c'est mon père qui paye) du poisson fumé. Le tour d'Iqaluit nord est vite fait. On se garde Iqaluit sud pour l'après-midi. Même en plein été, le soleil est pâle. Quand on rentre, le propriétaire me présente son fils. Il est aussi grand que moi et encore plus costaud. Il n'est pas loin d'être gros et il a un sourire qui met en confiance. Je lui montre mon ballon et il me fait signe de sortir. Dehors, il appelle ses copains et on se dirige vers un bloc de maisons bleu azur.

Derrière je découvre un terrain de foot. Décidément, il y en a sur toute la Terre. Celui-ci est en herbe rase avec des cages de hockey. Moi j'aime bien le mot *cage*. Il me fait penser aux oiseaux. Pour un Inuit et un super-costaud, le garçon est adroit. En plus, il court vite. On joue à six contre six, comme à l'entraînement à l'ASB. Pendant un quart d'heure, je garde les cages et je ne prends pas un but. Mais c'est facile parce qu'il suffit de s'allonger par terre, en essayant de ne pas salir son pantalon. Quand je passe avant-centre, je réussis un joli lob et le ballon vient mourir au fond des filets.

Mes nouveaux copains ne veulent plus arrêter et, pour une fois, c'est moi qui mets fin au match. Et puis le ciel se couvre d'un épais duvet. Ils se parlent avec des mots pleins de *u* et de *i*. Je n'en connais pas un seul. Et pourtant c'est comme si on se comprenait.

Le soir, il fait encore jour. On a manqué de quelques semaines le soleil de minuit. On a manqué aussi les aurores boréales. Il paraît que le ciel est alors vert et rose et que les aurores ont lieu au crépuscule. Le monde est étrange et merveilleux. Après le récit de mon après-midi, mon père me parle des cartes des peuples esquimaux qu'on lui a montrées. Ils gravaient sur des morceaux de bois le tracé des côtes, les baies, les îles isolées. Lui aussi il a le sentiment de les comprendre. Cependant, il a besoin de commentaires complémentaires pour les déchiffrer. C'est la différence entre le foot et la géographie.

Le lendemain matin, il me réveille par une nouvelle plaisanterie. « Il neige ». Je ne veux pas le croire. Pourtant, il neige.

En plein mois d'août. Un peu plus tard, je retourne jouer au foot avec mes copains inuits et c'est encore plus génial que la veille bien qu'on ne voie pas vraiment mon ballon blanc. Si j'avais su, j'aurais acheté le même en rouge à Batavia. Les sensations sont d'une douceur inconnue. Les chiens de traîneau courent parmi nous. Jamais je n'ai été aussi heureux du voyage. J'aimerais bien passer tout le reste de ma vie à Iqaluit. Il suffirait que ma mère et Lilou nous rejoignent. Pour une anthropologue, le travail ne manquerait pas. Et les éditeurs laisseraient mon père observer les bois gravés, tranquillement. Et il écrirait alors le plus beau livre jamais écrit sur le sujet.

Quand je serai grand, très grand, si je rate mon examen de footballeur, je ferai des études pour devenir ambassadeur en terre de Baffin.

9

Baton Rouge
(Sud-est des États-Unis)

Descendre le continent américain, en autocar, prend quelques jours. Je dors à poings fermés, sur mon siège incliné, quand on passe à côté de New York. On suit la route numéro 1 et j'aime la tombée du jour, même par un ciel de pluie.
Lors des arrêts, pour me dégourdir les jambes, je joue avec mon ballon. Et parfois je lui parle : de mes copains à Bagnolet, du jour où j'ai raté un penalty et depuis je n'aime plus les tirer, de ma mère et Lilou, de la balle de chiffon de Bagdad, du livre de mon père qui n'a pas l'air de se presser.

Une fois, mon père a accepté de faire une partie de tennis-ballon. Il y avait une barrière et on s'est mis chacun d'un côté. J'étais content. Un père qui ne jouerait jamais au ballon avec son fils ne serait pas un vrai père. Cela dit, on a vite changé de côté parce qu'il est maladroit et que le ballon risquait de finir sous les roues de l'autocar. Il a dit qu'il jouait comme un pied. Non ! S'il jouait comme un pied, il jouerait bien. Je proteste aussi contre l'expression « être bête comme ses pieds ». Elle est injuste et stupide. En tout cas, le don du football n'est pas héréditaire. Heureusement.

Baton Rouge : on raconte qu'ici les Indiens badigeonnaient de sang le tronc d'un cyprès pour indiquer la limite de leur territoire de chasse. Des Indiens, il n'en reste plus beaucoup. Des cow-boys non plus, à part les chapeaux. Le guide *Lonely*

Planet écrit : « Peut-être vous ne perdrez pas grand-chose à éviter cette ville. » Il est sévère. Les *snow cones*, c'est bien. Ça me rappelle les granités de Rome. Ici, ils vendent les glaces pilées dans des cornets en papier. Pour le premier, j'ai hésité entre cerise et coco. Le meilleur, c'est le *snow cone* au coco.

Il y a aussi l'immense Mississippi et des maisons en verre et des massifs de magnolias et le quartier où ont vécu les frères de d'Artagnan. Dans la cour du Capitole, on peut faire le tour d'un wagon, un vieux, de 1914, le cadeau de la France pour remercier la ville de sa participation à la guerre mais il est moins beau que celui de Kim Il-sung qu'on a vu à côté de Ban-sok.

Vers midi, on téléphone à Tombouctou. Là-bas, c'est de nouveau l'heure de sortir car le soleil est moins chaud. Lilou a attrapé une insolation et elle n'a pas mis le

nez dehors pendant trois jours. Je lui fais envie en lui disant que, l'autre jour, la neige est tombée. Elle commence à trouver le temps long. Moi ça dépend. Ma mère me dit qu'elle a hâte de me revoir (moi aussi je réponds très vite) et elle me souffle d'une voix douce de ne pas oublier l'anniversaire de mon père.

Il est temps d'envoyer une autre carte postale aux quatre grands-parents. Je choisis la même vue du centre-ville et j'écris les mêmes phrases, dans le genre « C'est génial tout va bien papa est à la hauteur de la situation je vous embrasse à bientôt », signé Fausto. J'espère que ça leur fera plaisir. Sinon ce ne serait pas la peine de se donner du mal à écrire.

En ville, on passe souvent par un endroit qui s'appelle *corner*. Au lieu du petit drapeau qu'on place aux quatre coins du terrain, il y a un grand drapeau américain, la bannière étoilée. Avec des mots comme *corner* et *penalty* et *goal*, on ne risque pas d'oublier que ce sont les Anglais qui ont inventé le football moderne au 19e siècle. Ils ont posé des règles, pour que le jeu de ballon ne soit plus une bagarre indescriptible où les joueurs prenaient le ballon à la main. On nous appelle « les manchots ». Moi ça ne me dérange pas d'autant que j'aime bien les pingouins.

Au coin du *corner*, il y le bar du club de football. On entre. L'air est frais grâce à un *cooler*. Un écran géant diffuse des images beaucoup moins *cool*. Des colosses casqués jouent avec un ballon ovale ; à la main plus qu'au pied, bien qu'ils appellent ça *football*. On dirait du rugby comme chez mes cousins. Mais ici, je ne m'y risquerais pas.

Mon père n'a pas voulu me laisser seul et il m'a obligé à venir avec lui à la bibliothèque municipale. Je pourrai ainsi superviser son travail. Une dame avec un chignon comme une meringue lui apporte un carton à dessin. À l'intérieur, il y a des dizaines de cartes anciennes de la région, rangées par ordre chronologique. Les légendes sont rédigées en français. Mon père m'explique que la Louisiane appartenait à la France et qu'on l'a vendue aux États-Unis pour une poignée de dollars. Maintenant, on ne pourrait plus la racheter.

À l'hôtel, je fais une petite partie de foot (du vrai) dans le couloir avec un gars dont je ne connais même pas le prénom. Sa balle est une paire de chaussettes (on n'arrête pas le progrès). Je gagne trop vite et je retourne dans ma chambre terminer *Barnabé* qui devient roi le jour de ses seize ans. Du coup, je me rappelle que demain c'est l'anniversaire de mon père. Il a 36 ans. C'est vieux mais lui, franchement,

il n'a pas l'air vieux. Pendant qu'il prend sa douche, je prends dans la poche de son pantalon un billet de cinq dollars. Ce n'est pas du vol. Mais qu'est-ce que je vais bien pouvoir lui acheter ?

10

Bahia
(Centre-est du Brésil)

– Tu as vu la faute d'orthographe ?
– Où ?
L'orthographe et moi on ne s'entend pas trop mal. Mais je n'étais pas gêné de lire *futbol* puisque les Brésiliens l'écrivent comme ça. Et comme ils s'y connaissent, on ne va pas chipoter. Leur premier héros s'appelait Leonidas. Il paraît que c'est aussi le nom d'un guerrier grec héroïque.
À Bahia, il fait très chaud. Après un rapide tour des églises baroques, on file à la plage de Barra. J'ai mis mon bermuda beige et

j'ai tous pouvoirs pour le salir. Mon père a promis qu'il ferait la lessive demain. Il promet souvent. Quand ma mère lui fait remarquer qu'il n'a pas encore remonté les paquets d'eau minérale ou rangé son bureau, il lui répond toujours : « Ne fais jamais le lendemain ce que tu peux faire le surlendemain. » Si ma mère est d'humeur badine, elle sourit. Si elle est fatiguée, elle soupire.

Le sable est blanc et la mer est presque trop chaude. On dirait des vacances. Mon père m'envoie le ballon à la main du bord de la plage et je m'amuse à plonger. Il m'agace parce qu'il se retourne toutes les trente secondes pour s'assurer que nos tennis et nos tee-shirts sont toujours là. À notre petit hôtel, on lui a dit de se méfier des capitaines des sables (ce sont des enfants pauvres qui volent).

D'autres enfants disputent un tournoi. Je les regarde. Je n'ose pas me joindre à eux. Et puis un grand Noir me propose de jouer. Le grand Noir s'appelle Socrates (et moi Fausto). Mon équipe est battue à chaque match de dix minutes. Quel bonheur pourtant.

Le dimanche, j'ai la chance de ma vie. Un match a lieu au stade de Bahia. Il ne fait pas 200 000 places comme le Maracana à Rio mais il y a des tonnes de pétards et de confettis. Ce qui m'épate c'est la foule, le bruit, les couleurs bariolées, et le coup du foulard réussi par le numéro 8 des maillots jaunes, une diagonale de trente mètres qui est arrivée comme par enchantement dans les pieds du numéro 6 qui a tiré après un contrôle orienté. Et puis, à la sortie, les spectateurs ont l'air drôlement joyeux. J'aimerais rester parmi eux mais mon père est pressé de rentrer.
On finit l'après-midi à l'hôtel. Je m'installe sur la terrasse, d'autant plus tranquille

que mon père reste absorbé par son travail. Il a du mal à cacher son inquiétude depuis qu'on lui a confisqué ses croquis de cartes et ses carnets à la douane. J'espère que je cache mieux la mienne. Du coup, j'ai pris une grande décision. Rédiger des notes de voyage sur les matchs, les chambres, les repas, les cartes dont il m'a parlé, les nuages dans le ciel. Mon cahier est à gros carreaux, décoré d'une coiffe d'Indien du Mississippi. On ne sait jamais, un manuscrit pourrait être utile à notre retour. Je ne vois pas le temps passer et je ne vois pas non plus mon père qui arrive sur la terrasse.

– Qu'est-ce que tu fais là ?
– Moi ?
– Oui ! à qui veux-tu que je parle, Fausto ?
– Rien de spécial !
– Tu écris pourtant !
– C'est juste des équipes de *futbol* !
– Tu me montres ?

– C'est top secret !
– Comme tu veux !
Avant d'arriver à Bahia, on a passé l'équateur. On peut avoir un pied dans l'hémisphère Nord et un pied dans l'hémisphère Sud. Il doit même y avoir un terrain de foot dont la ligne médiane est l'équateur. Je sais que c'est une ligne imaginaire. Et je comprends qu'elle fasse rêver encore plus que les lignes bien réelles d'un terrain.

Le soir, la dame nous prépare un dîner de roi. Un plat dont j'ai déjà oublié le nom mais pas le goût, du riz avec des tomates et des oignons et de l'huile et du lait de coco et de la noix de coco et des crevettes. Je n'en pouvais plus, presque plus, juste la place pour un *quindim* (c'est un flan rond ; je dois me souvenir des détails importants pour le cahier).
Le frère de la dame est balafré et a longtemps travaillé en Guyane dans une

entreprise de bâtiment. Quand il avait mon âge, il admirait un ailier qu'on appelait Garrincha, plume d'oiseau. Un beau nom pour un ailier qui avait une jambe plus petite que l'autre et mettait dans le vent les arrières gauches avec toujours le même dribble déroutant.

La dame dit que son mari a disparu après la mort de leur fils. Mon père parle alors d'un joueur français au nom inconnu. Kopa. Où est-il allé le chercher ? Et il dit que Kopa avait perdu un petit garçon de trois ans (Denis) et le balafré traduit pour la dame et mon père ajoute que Kopa avait continué à jouer, parce qu'il faut bien continuer à vivre, et parfois il n'était pas dans le match et parfois il jouait comme un dieu.

Moi, je n'ai pas aimé cette histoire. Il aurait mieux fait de parler d'autre chose. À cause de son fils, la dame évoque la religion. Moi je n'y connais pas grand-chose mais leur religion n'a pas l'air triste. Elle ne parle que de fêtes et de processions. Tout l'été, ils s'entraînent pour le carnaval.

Les jours suivants, j'écris. Tôt le matin et tard le soir, j'écris en cachette. Je suis impressionné par le nombre de pages que j'ai déjà noircies. Le matin du départ, mon père retourne chez le professeur qui lui a montré des cartes légendaires de l'équateur. La plus émouvante, d'après lui, a été dessinée par un Portugais nommé Jorge je ne sais plus comment.
Je note dans mon cahier que le professeur a des cheveux blancs, des lunettes d'écaille et deux canaris dans une volière qu'il a suspendue à un palmier nain.

11

BAMAKO
(Mali)

J'aurais préféré traverser l'océan Atlantique en paquebot. Histoire d'atteindre doucement les côtes de l'Afrique. On n'a pas le temps. « Ce sera pour une autre fois ». Mon père a réponse à tout. Mais je me demande quand on aura l'occasion de faire de nouveau un tel voyage. La dernière étape nous conduit à Bamako. Ma mère et Lilou doivent nous y rejoindre à la fin de la semaine.
Dans l'avion, mon père me propose une interrogation écrite pour m'apprendre à aimer écrire (je rigole). Réciter le nom des

villes par lesquelles nous sommes passés (facile) et décrire les principaux caractères de ces villes (moins facile). Il devrait être instituteur au lieu de travailler à son institut de cartographie. Après un verre de vin rouge (lui) et de jus d'orange (moi), je lui suggère plutôt de me donner à lire des pages de son livre.

Il préfère me proposer d'en deviner le titre. Il ajoute qu'avec le nom des villes, je devrais trouver. Je ne trouve pas mais je devine qu'il est content à l'avance de sa réponse parce qu'il a le bout du nez qui bouge. D'après ma mère, c'est un signe qui ne trompe pas.

– Eh bien, toutes les villes commencent par la syllabe *ba*. Et ce livre sera un album, composé à moitié de cartes et à moitié de commentaires. Il aura pour titre *Le b.a.-ba de la cartographie*. L'éditeur a trouvé que c'était une bonne idée.

J'en reste baba mais je n'ai toujours pas lu une seule ligne de sa bonne idée.

À l'aéroport, un collègue de ma mère nous accueille. Il habite au bord du fleuve Niger et son fils porte un maillot avec un nom africain. Le premier soir, il fait nuit tôt et on s'amuse à cracher dans l'eau sur des trucs qui brillent. Bassirou prétend que ce sont des crocodiles. Son père me déçoit en me disant que ce sont des bouteilles de Coca.
Dans sa chambre, il me parle de la coupe d'Afrique des Nations qui a eu lieu dans son pays cet hiver. Il paraît que chaque quartier de Bamako supportait une équipe étrangère en signe d'hospitalité. Je ne veux pas le croire et il me montre un journal où c'est écrit. Alors là, j'applaudis, parce que si le foot a un défaut c'est bien les supporters débiles.
Le lendemain matin, on va jouer dans le

terrain vague derrière chez lui. Il y a des buts en bois avec barre transversale à 2 m 32 de hauteur et des chèvres qui avalent des touffes d'herbe jaunie. Bassirou est encore meilleur que mon copain Moumouss à Bagnolet. Moumouss c'est son surnom, ça va plus vite quand on l'appelle pour qu'il nous passe la balle, encore qu'il ait des yeux dans le dos comme dit notre entraîneur, mais son nom c'est Mustapha. Lui, il a 10 ans depuis le mois de janvier et il pourrait déjà jouer avec les cadets. Alors, on peut penser que Bassirou, qui n'a pas encore 9 ans, pourrait jouer avec les juniors.

Tous mes tee-shirts sont sales et je joue torse nu le dernier match de ma tournée. À la trente et unième minute (environ), je mets une superbe tête qui s'écrase contre le poteau. Je me rappelle la première fois que j'ai entendu cette expression. Je croyais que c'était la tête du joueur — et non le ballon — qui s'écrasait et j'avais été effrayé. Là, ma tête va bien mais je sens qu'elle devient toute rouge.

L'autre équipe mène 4 à 3. Dans les dernières minutes, on tente un baroud d'honneur pour égaliser. En pure perte. Et je pense que mon prochain match aura lieu dans la région parisienne et que peut-être il pleuvra et qu'il y aura de la boue et qu'on retrouvera l'odeur particulière des vestiaires et ça me fait tout drôle.

Le dernier soir, j'attends qu'on soit tous les deux seuls. C'est le moment où jamais pour lui offrir son cadeau d'anniversaire, avec deux semaines de retard. Je lui tends mon cahier à coiffe d'Indien et la monnaie du billet de cinq dollars. Toutes mes notes de voyage se succèdent dans l'ordre depuis la gare de Lyon. Je n'ai rien oublié, ni les citronniers de Bari ni les Cosaques zaporogues ni l'hôtel Tigris ni monsieur

Kim ni la neige au mois d'août, rien de ce drôle de match de foot qui a duré tout l'été. Maintenant on n'a plus de souci à se faire avec l'éditeur (j'espère).
Mon père ouvre le cahier. « Pour une surprise, c'est une surprise ». Il me remercie et il sourit et il répète deux trois fois « Ça alors ».

Il est minuit. Je suis dans mon lit, Bassirou dort depuis au moins cinq minutes et je me sens vraiment bien. Dehors la lune ressemble à mon ballon blanc. En plus petit. Je cherche les mots qui commencent par la syllabe *ba*. Je vais à la pêche aux mots par ordre alphabétique et sélectionne ceux qui me plaisent : *baleine baliverne baobab baptême* (du feu) *barbe à papa barjo Barnum bastion bastonnade batterie bazarder*. À onze mots, j'arrête. C'est fatigant. Celui qui voudrait n'aurait qu'à composer sa propre équipe. En tout cas,

moi je place la baleine dans les cages. En face, ils auront du mal à marquer un but.

Demain matin, ma mère et Lilou arriveront ici. Est-ce qu'elles trouveront que j'ai grandi ? En tout cas, j'ai bonne mine et je me sens de plus en plus costaud.

Achevé d'imprimer en avril 2004
sur les presses de CCIF
à Saint-Germain-du-Puy (18) - France
Dépôt légal : mai 2002
N° d'imprimeur : 04/218